LOS BUENOS AÑOS

ExLibric

JORGE CARRIÓN MOLPECERES

LOS BUENOS AÑOS

EXLIBRIC

ANTEQUERA 2017

LOS BUENOS AÑOS
© Jorge Carrión Molpeceres
© de la imagen de cubiertas: Miguel Carrión Navarro
Diseño de portada: Dpto. de Diseño Gráfico Exlibric

Iª edición

© ExLibric, 2017.

Editado por: ExLibric
c/ Cueva de Viera, 2, Local 3
Centro Negocios CADI
29200 Antequera (Málaga)
Teléfono: 952 70 60 04
Fax: 952 84 55 03
Correo electrónico: exlibric@exlibric.com
Internet: www.exlibric.com

ISBN: 978-84-16848-66-9
Depósito Legal: MA-1098-2017

Nota de la editorial: ExLibric pertenece a Innovación y Cualificación S. L.

JORGE CARRIÓN MOLPECERES

LOS BUENOS AÑOS

*Para Pablo,
sin ti nada de esto habría visto la luz
y la mayoría nunca se hubiera escrito.*

Índice

PRIMERA PARTE

I

Si te despertase ahora,
en este mismo momento,
en esta noche de luna ambigua
dominada por este insomnio sin motivos
y llena de poemas sin nacer
que revolotean nuestra almohada,
si, por ejemplo, empujase tu muslo
que inconsciente y posesiva
dejaste sobre el mío
con ese gesto delicado,
como pidiendo permiso,
con el que sueles acercarte a mí
cuando duermes,
si, como digo, lo empujase
en este instante,
obligándote a caer
de ese árbol de sueños
en el que ahora mismo habitas,
sé que abrirías los ojos
somnolienta y sorprendida
arrancada por mi gesto
de ese sueño con que juegas
detrás de los párpados
y dándote la vuelta
volverías a quedarte dormida.

No me atrevo de momento
a traerte a este lado,
a este mundo cotidiano y nuestro.
No me moveré,
sigue soñando amor mío.

II

Supón que no es invierno.
Imagina que esas canas que te adornan
no son frías hasta el dolor,
que la luz de tus días no es cada día más gris
y que un silencio de noche escarchada
no va cubriendo el recuerdo congelado
de los que fueron tus amigos.

Imagina que el hielo no va quemando
poco a poco las plantas que sembraste,
que no va llenando de cristales,
duros y afilados,
el estanque donde se mueve el deseo.

III

Aún no pesa tanto el tiempo,
pese a las canas, los kilos
y la falta de alegría
de tantos amaneceres,
como para hacerme olvidar
aquella leve vibración
y la nitidez del color
que a tu lado sucedían.

Aún puede mi espalda notar,
a pesar de la rigidez
que aumenta con los años,
esa descarga eléctrica
que se alzaba al encuentro
de tus labios.

Y aunque la vida de adulto impone
la férrea etiqueta de lo correcto,
todavía juego, en este silencio,
con aquellas palabras escondidas
que un día tuvieron un significado
distinto del que dice el diccionario.

IV

VACÍO

Me dicen que debería amarte y
por todos estos años estarte agradecido,
por cada uno de mis días, por cada uno de mis hijos,
por cada mañana que mis ojos abren a la luz.

Me dicen que pagaste todo esto con dolor,
con el tremendo dolor de morirte
cuando yo apenas había nacido.

Me dicen que eras la más guapa,
que lo mejor de las dos familias se fue contigo
en medio del dolor, del tremendo dolor
de no llegar a ver crecer a tus hijos.

Me lo decían cuando niño. ¿Recuerdas?
Buenas intenciones de tías y abuelas
me hacían rezarte cuando a media noche
me despertaba el abandono sin nombre y sin cara.
Y yo rezaba con la sensación,
ya a los cinco años,
de la inutilidad de un ritual vacío.

Hoy de ti tengo algunas fotos,
en las que nunca estoy contigo.

Solo una mujer más. Solo una cara más.
Sobre negro y gris, gris desvaído,

Me dicen que debería estarte agradecido,
que con tanto dolor pagaste mi vida
que no tengo derecho a no ser feliz.

Y supongo que es verdad,
que debería amarte, madre,
y espero no ser un monstruo por esto
pero yo no sé amar en vacío.

V

Ahora soy un hombre.
Ya no soy el niño que lloraba
tu ausencia...
Ahora soy un hombre.
Trabajo, como un hombre.
Tengo una familia,
una mujer,
un hijo,
una casa,
como un hombre.
El tiempo ha pasado,
ya no me dueles,
ya no lloro.
Como un hombre

y sin embargo...

VI

PALIMPSESTO

Descalzo descansa los pies
sobre la blanda moqueta.
Tozudo aguanta el calor
de la taza en los dedos,
aunque se quema.
Hastiado enciende la tele
y cambia y cambia de canal
una y otra vez,
en ojeadas rápidas,
sin respirar,
como quien bucea.

Inspira, apaga, bebe, apura
y descuelga.
Tu número sale de memoria, familiar,
y espera.

Veinte timbrazos en el vacío resuenan.

VII

OUIJA

He posado otra vez en el vaso los dedos
invocándote de nuevo en esta ouija
solitaria, morbosa y familiar.

Pero no ha habido más movimiento
del vaso que el ir y venir
entre la mesa y mis labios
ni otra amarga respuesta
que el alcohol salpicado
sobre el tablero.

Ni siquiera tengo claro aún
(yo, maestro de tantas ceremonias)
cuál es la pregunta que lleva tu nombre
ni si el vaso señala alguna dirección
distinta a la del olvido.

VIII

PALIMPSESTO II

Solo el llanto del niño produce lágrimas limpias
de las que corren por la cara
sin vergüenza ni rencor.
Sin desviar su caída por el surco de ninguna arruga.

No será la necesidad quien te redima,
ni el vacío o la ceguera implacable de la falta de opciones.
No habrá aprendizaje posible que limpie
el camino recorrido desde la muerte del niño.

No hay redención tras la muerte de la infancia,
solo queda la dureza de los dientes
gastados de apretarse unos contra otros.

No queda dolor auténtico
tras la muerte de la infancia,
solo capas de culpa y de pose insensible.

IX

Llega un momento, amigo mío,
al final siempre llega,
en que la suma de las noches de invierno
y las mañanas de escarcha
parece dar la temperatura media de tu vida.

Llega un momento en que no parece
haber calor en la historia
de los años que por ti pasaron.

Momento oscuro entre dos oscuridades,
no permitas que tus decisiones
se abracen a sus ecos.

Pasará como pasaron tantos otros momentos.

X

NADAR Y GUARDAR LA ROPA

Escribir con el bolígrafo dentro de un preservativo
para que no te salpique el semen azul que derrama
imprudente por todos los rincones de tu vida de papel.
Defenderte de su rastro venenoso, que ataca tus defensas,
que debilita las componendas pactadas con la vida.

Escribir sin miedo a que la tinta lave la sangre
de cordero sobre el dintel de tu puerta,
la misma que evita que el ángel de la muerte
y la vergüenza visite tu casa por la noche.

Apoyar firme la mano en el blanco limpio del papel,
con cuidado al desplazarla y no caer
en los profundos ríos azules donde el agua es
tinta viscosa que, además de ahogarte, te marca,
te tatúa el cuerpo y el alma.

Navegar por el poema, como un gondolero aferrado
al bolígrafo que apoya firme en el fondo del canal,
disimulando con su canto que nunca se moja ni mancha
porque no sabe nadar…

XI

VIEJOS AMANTES

De niño se me impuso tu presencia,
como la de una prima lejana
junto a la que te sientan en una fiesta.
Con los años nos gustamos y
llegaste a ser mi compañera.
¿Recuerdas cómo nos encontrábamos?
A escondidas, después de dejar en su casa
a mi novia del momento.
Nos veíamos de noche, en silencio.
Amante entre amantes.
A escondidas, pero fieles el uno al otro.
Pocos nos llegaron a ver juntos
(yo me avergonzaba un poco de que nos vieran)
y menos llegaron a entender…

Luego te vi tontear con otros
en sitios que antes no hubiésemos ni entrado.
Te vi reír en manos de quienes, a veces,
no hubiésemos ni saludado.
Te reías con ellos como conmigo
y yo estaba demasiado ocupado
en otra clase de amores más terribles,
atronadores y urgentes.

Te olvidé. Traté de olvidarte.
Y crecí y me hice hombre
y en aquellos años solo tuve
el eco de tu risa en otras manos.

Pero volviste a mí.
Me hacías cucamonas desde las desordenadas
estanterías de polvorientos libros...
Te sorprendí entre los deberes escolares de mis hijos.
¡Tú, mi antiguo amor, la amante de mi hijo!

Hemos vuelto a tontear.
Como entonces, amantes nocturnos,
nos encontramos mientras ella duerme.
Con besos callados nos amamos.
Silenciosos susurros nos decimos...
Todavía tenemos mucho que contarnos.
Todavía, siempre, Poesía...

XII

Derramada sobre el fondo del cajón,
acorralada en la cima de alguna colina,
insomne de sueños infantiles,
reticente a la taxonomía del adulto,
te busca.

Te llena el móvil de mensajes
y la almohada de giros húmedos.
Pero al tiempo se va, se esconde,
se te escapa de los dedos al enfrentar
la exigencia del tic toc del cursor
o la impaciencia del clic clac del boli.

Juega contigo como un gato con su cola
y todavía no sé qué hueco llena.
Todavía no sé qué tipo de hambre sacia
ni qué clase de gloria promete.

Atrapas en el aire ese poema
que zumbaba en tu almohada
picoteando la piel de tu sueño
y aunque sabes perfectamente
que prácticamente nadie leerá tus versos,
que tu poema es el mismo
que se ha escrito, una y mil veces
por otros más grandes que tú,

que no tiene nada nuevo salvo un leve barniz
con tu olor por encima,
sonríes.

XIII

MOMENTO

Idea para un poema, pensamiento
cazado al vuelo entre la multitud.
Un café descafeinado es el precio
de unos minutos frente a una mesa
y, rápido, entre el ruido,
entre lo hecho y la urgencia de lo por hacer,
entre el ritmo frenético,
de tantas y tantas vidas a tu lado,
escribir, bocetar, atrapar
esa idea casi siempre condenada,
desde antes de ser escrita, al silencio,
a no florecer, a morir, poco a poco,
como el asombro en los ojos de los niños,
y al tiempo magnificada
por la magia del papel,
testigo de su destello.

Pero de vez en cuando sí:
bajo tus dedos ves crecer
una serpiente azul en agonía de parto,
mágico río fecundo, de algo que es
no solo un boceto,
no solo burrapatos apresurados:

un germen de un poema
aún no escrito, pero latente,
inconfundible.

SEGUNDA PARE

I

FUERA Y DENTRO

Fuera hay que llevar armadura,
que los golpes llueven cuando menos lo esperas.
Dentro los golpes duelen más,
porque hay que soportarlos desnudo,
con la convicción de que tienen sentido,
con la certeza de que quien golpea es importante.

Fuera soy terrible, brillante, escurridizo,
no podéis asirme porque no estoy ahí:
os envío mi hombre de paja
para vuestro vapuleo y diversión.
Dentro no necesito la paja que defiende del frío
y amortigua los golpes.

Los golpes dentro tienen el sonido
de la carne contra la carne, por eso duelen
y te recuerdan que estás vivo.

II

Pasan los días.
Pasan, y solo dejan
el residuo de haber sido vividos.
Ni recuerdos,
ni cicatrices.
Solo vida quemada detrás de mí.
Copos de futuro que caen...
uno tras otro,
silenciosamente

III

CUCARACHA

Una piedra rebota en el agua,
no encuentra por dónde sumergirse
en el muro azul infranqueable.
Un beso rebota sobre tu piel,
no encuentra por dónde penetrar
en el ajetreo con que te rodeas.
Una cucaracha corretea por las orillas
de tu vida buscando un resquicio,
entre los horarios, sueños, quehaceres,
las monolíticas rutinas que te cercan,
intentando anidar en tus rincones.

IV

EL LOBO

Al amanecer
El autobús inspira y expira gente
por toda la ciudad, implacable.

Mecido por los frenos, medio dormido,
él escucha su propio silencio
rodeado de silencios rodeados de ruidos.

Lleva el café aún en la boca,
el sueño aún en los ojos,
tu piel aún en la palma de las manos
haciéndole cosquillas.

Al anochecer
El autobús sube la cuesta rugiendo,
desafiando la muerte del día,
como un lobo corriendo entre perros.

Colgado de la barra, maldiciendo los frenos,
él acecha impaciente tu parada.

Trae su día para tu juicio,
cansancio para tu cama,
sus manos para tu piel
y su boca para comerte mejor.

V

JOAQUÍN HA SIDO
PADRE DE UNA NIÑA

Me cuentas cómo fue el parto,
el riesgo en que estuvo tu mujer
y lo que no te deja dormir la niña.
Me dices lo mucho que ha cambiado
tu vida y tus horarios y cómo tus amigos
ahora te rehúyen.

Pero no me hablas de amor,
de ternura infinita por esa cosita indefensa,
de pequeños deditos que no abarcan tu meñique,
de una boca ansiosa que busca un pezón
y por la que se desborda una gota de leche.

No me dices nada sobre sentir
cómo se duerme en tus brazos,
con una confianza sin límites ni palabras.

No mencionas ese temor y rabia
por lo que espera a esa niña ahí fuera,
por la impotencia de no poder evitárselo.

Acaso temes que no te entienda.

VI

HABLAMOS DE PALOMAS

Hablamos de palomas,
blancas y negras, volando o en tierra
pero al final coincidimos
que eso no es poesía.
Quizá zoología.

Hablamos de amaneceres y atardeceres
de otoños y primaveras
y al final convinimos,
no nos quedó otro remedio,
que tampoco eso es poesía,
tan solo meteorología.

¿La luna? ¿Las estrellas?
Astronomía.

¿Las montañas y la mar?
Geografía.

Tus ojos y tus senos solo anatomía.
La tristeza y la alegría fueron al saco
de la siquiatría.

Hasta dimos un repaso al mundo,
pero nunca se nos dio bien la sociología.

Y al final nos callamos,
sin tema que explorar,
y en el silencio nos miramos.
Y hablamos del mirar
y del ver y del estar ahí,
presentes, con los ojos abiertos
y, milagro, no era oftalmología.

VII

MADRUGADA OTRA VEZ

El seco sabor de escribir sin ganas
es poco mejor que el áspero roce
de esas sábanas preñadas de insomnio.

Teñir la tinta de emociones muertas
solo es un punto menos inútil
que los intentos de resucitarlas
desde la vieja tumba de los días
que ya no son o que nunca fueron.

Y sin embargo hay un leve temblor,
un pequeño hálito de redención
en el hecho de dejar constancia inútil
de éstos inútiles momentos.

VIII

Una vez me dije;
"Lo bonito de la vida
no es escribirla, es vivirla".
Otra vez dije;
"Ahora que te tengo,
no necesito escribir,
basta con vivir".
Una vez más dije;
"No volveré a escribir.
Las palabras
son cosas muertas,
no reflejan mi realidad"

Y sin embargo,
aún estoy aquí.
Todavía escribiendo,
todavía necesitándolo,
quizá muerto,
siempre solo.

IX

Vivir no es esperar la muerte
Dormir no es desear la nada
Amar no es huir del silencio
Poesía no es jugar con la palabra

X

¿Por qué me miras, estreñido, desde mis dedos?
No lo retengas, imbécil, escúpelo,
baila tu baile caprichoso para mí.
Pare, crea, orina, vomita, lo que sea
pero que salga de una vez
lo que sé que llevas dentro.
Que estoy esperando verlo,
que tengo un cita con tu rastro
y no puedo dormir.

Azul cálido que me abrasa como hielo,
arañazo de patita de hormiga,
tu sonido se come mi mirada
que andaba perdida siguiendo tu baile
y oyendo todo aquello que no me dices,
que te guardas para ti.

Que no puedo dormir...

XI

PERSEGUIDO

Descansa, sube, silba y cae,
nada la consigue detener
en el camino a tu puerta
como un ciego imán aferrado
a su polo y a su norte.
Por las esquinas te acecha,
desde la televisión llama
mezclando magníficos vientres
de músculos descansados
entre ojos prometedores
y sonrisas petrificadas.
No da tregua ni un minuto, ni una fiesta.
Siempre molesta,
te llama, te toca, te pincha,
se esconde en tu crema de afeitar
y juega, sin avisar, entre
el agua y los pelos cortados,
te escupe desde las bragas
de tu mujer que ves descansar
en el cesto de la ropa sucia
o desde el olor apestoso
de la colonia barata que
lleva tu jefe tras el día del padre.

Puta poesía...

I

SOBREMESA

Te has quedado dormida
en el viejo y querido sofá.

Me siento en el sillón frente a ti
y mientras nuestro jardín
se marchita y cruje
en esta tarde en que el otoño avanza,
te miro dormir.

II

EN EL JARDÍN

El encuentro en medio del jardín
marcó el inicio del viaje desesperado.
Nos subimos, dos pobres ilusos, en aquél tren
sin ver nuestro destino en lo que nos rodeaba.

¿Recuerdas la cara de aquella estatua,
aquella absurda estatua,
en el centro del jardín?
Tenía los ojos ciegos y la sonrisa falsa, como nosotros

¿Y aquellas dos ridículas carpas doradas?
Boqueando estúpidamente,
abriendo y cerrando sus bocas desdentadas,
una y otra vez sin emitir sonido alguno,
como nosotros.

Allí empezamos nuestro viaje desesperado,
a ninguna parte (cómo no nos dimos cuenta),
sin meta, igual que aquel jardín vacío
florecía para nada, para nadie, un año tras otro.

Viaje sin paradas ni retorno
que nos ha traído hasta aquí
dejando atrás ese hijo crecido y seco,
que se fue sin haber llegado nunca a entendernos.

Como la estatua.
Y nos quedamos como los peces boqueando
el uno contra el otro, sumidos en la lepra del alma
que primero insensibiliza, luego pudre y al fin mata.

Hemos terminado nuestro viaje sin objeto y
ahora, justo al fin de la última jornada,
solo puedo desearte que, como yo,
no puedas volver a desear nada.

III

EN EL FONDO DE LA ESPERA

En el fondo de la espera
hay una luz oscura y amarga
que alumbra lo que no somos
capaces de nombrar.

Un negro túnel se retuerce y baja
hasta una habitación de suelo
inundado por agua venenosa.
Un pedestal en un rincón
sustenta la luz, oscura y
mezquina, que encandila
nuestros miedos
y los acoge en ese pequeño recinto
que no tiene puerta,
atados a su roñoso fulgor
como polillas a un candil de aceite.

En el fondo de la espera,
mirando fija esa luz,
está tu muerte
y la de nuestros hijos
y la soledad que les sigue
y la enfermedad
y el dolor

todos sentados en el agua sucia,
en apretados círculos sin moverse,
sin atreverse a ser ni pensados,
sujetos apenas por la luz, tan frágil,
de la esperanza.

IV

TODO EL MUNDO LO SABE

El amor y el desamor llegan y se van,
no hay nada de raro en eso,
todo el mundo lo sabe.
Es cotidiano y va con los tiempos.
Se acaba la necesidad de compartir.
Se acaba el deseo de hacerlo.
Todo el mundo sabe
que no se puede vivir sin deseo,
con la culpa de la traición
que haces a tu propio cuerpo.

Todo el mundo sabe
que no estamos aquí para sufrir,
que el amor viene cuando quiere,
como una ciega marea
alzada por una luna enloquecida,
que te inunda y te llena
y tienes que seguirlo,
todo el mundo lo sabe.

Y que se va cuando quiere
y que es un crimen
renunciar a su busca
y condenarte a su ausencia.
Todo el mundo lo sabe.

Podría haber elegido   55
otra forma de decírtelo,
No es seguro esto de escribir,
que luego te arrepientes de lo dicho
y el mundo está lleno de cartas perdidas
pero ya sabes que odio las peleas,
que las paredes oyen en este edificio
y que no queremos
que todo el mundo lo sepa.

V

INERCIA

Y luego vino esa palabra
como un ladrillo que cae en un pastel:
abriendo heridas.
Tu mirada pareció congelarse
y yo solo pude seguir adelante,
sumando más heridas y palabras,
como un suicida colecciona pastillas.

VI

Qué inútil tu voz en mi espalda
chorreando por mis hombros sordos.
Qué inútil tu mirada,
tan cerrada e impotente
resbalando por mi piel erizada.
Qué inútil el no hacer nada,
traicionado por la nada,
asesinado por la inercia.

Nada se llevó el tiempo, nada
que no hubiese muerto
mucho antes de que el inútil juego
empezara. Y sin embargo,
a pesar de todo,
no consigo entender por qué no puedo
dejar de pelear contra esa nada,
por qué no abandono el campo
y recogiendo los despojos de la batalla
entierro mis muertos,
enfundo mis armas
y recorro, sin prisa,
sin mirar atrás, el camino
hasta la puerta de nuestra casa
y allí te espero en la vana esperanza
de que la guerra no hubiese sucedido nunca,
de que nunca se hubiesen envenenado
nuestras mañanas.

VII

ACCIDENTE

Y es romper su cepillo de dientes
contra el borde de este lavabo,
que empieza a no estar tan limpio como solía,

y es guardar los pedazos
con los tarros de sus cremas
en una arrugada bolsa del supermercado,
deshecho de la última compra
que hicisteis juntos.

Y es mirarte en el espejo
a enfrentar los ojos enrojecidos
en este rostro caído y sin afeitar,
y apartar después la mirada
a seguir buscando sus huellas,
borrándolas sin contemplaciones,
tratando de terminar con éste final
—de callar su ruido interminable
de cristales rotos y gasolina derramada—
a fuerza de rituales y rutinas
en las que ella no esté presente.

Bajarás esta noche la bolsa al contenedor,
junto con las de su ropa,
mientras los niños duermen
y se pierden en sueños en los que,
quizá, su imagen destaque
todavía en colores brillantes.

VIII

Ser historia y no ser nada
o ser tú mismo, y tampoco.
Repetir gestos de moda.
Venderte en el mercado de la carne.
Palabras biensonantes y vacías.
Rituales del no saber,
del querer ser y no saber,
del preguntar sin saber
qué es lo que no se sabe
ni qué se quiere saber.
Querer ser aceptado
poniendo condiciones.
Morena de buena figura.
Moreno de ojos verdes.
Soy aventurero, sensible e inteligente
y tengo la espalda mojada en sudor
como si hubiese dormido sobre plástico,
la mandíbula dolorida de apretar
los dientes sin descanso,
una mano inmóvil y la otra inquieta
y la piel erizada como arrastrando los dientes
por madera cruda.
Me miras con el sorpresivo roce del filo de un cuchillo
contra el nacimiento de una uña
y mi lengua, que repasa una y otra vez
el canto de un diente recién roto.

IX

CUATRO ESTRELLAS

Aunque lleva por costumbre
una foto de sus hijas,
no las ve desde hace tanto
que ni esas son sus hijas
ni ese es ya su retrato.

Aunque su empresa le paga
las facturas que ha guardado
en el clip de la cartera,
nunca se vio compensado
por tanta cama deshecha.

Aunque los trajes oscuros,
que cuelgan en el armario
hagan juego con las tapas
oscuras de los muestrarios,
nunca se siente vestido,
siempre se ve disfrazado.

Aunque bebe con los clientes
y luego a solas, sin vaso,
nunca por la noche está
lo suficiente borracho.

Aunque el hotel tenga las cuatro estrellas,
discreción y silencio asegurados,
nunca tiene las paredes
lo suficiente gruesas
ni se siente lo bastante aislado.

Aunque acaba de oír el orgasmo más dulce
que ha oído nunca,
nunca ha visto, ni verá,
a la mujer que lo ha sentido
tras la pared,
a cuatro palmos de su cara.

Aunque el semen que se seca sobre su propia piel
ha brotado casi frío,
no ha conseguido apagar
el fuego amargo
que le quema el vientre.

Aunque ha pisoteado la Gillette
hasta que la hoja ha brillado
entre los trozos rotos de plástico azul,
nunca más espera necesitar afeitarse.

X

Que sí, que no,
que debo, que quiero,
que te quiero, que te debo,
que tu sonido me corre por el pecho
y que me moje yo
del agua que mana de tu pelo
poco a poquito, sin chaparrón.
Que tu brazo me saque del saco
y que la luna me lleve hasta el sol,
que tu luz relumbre en mi sombra
y que mi nube se asombre
de los dos.

XI

LIBERTAD II

Una lata vacía rueda por el suelo del coche.
Pegatinas quemadas por el sol
cubren la ventanilla trasera.
Ninguna compasión a los kilómetros
aplastados por las ruedas
junto a la seca carcasa de un gato
miles de veces atropellado.

Una estela de humo azul te transporta,
como si fueras un parásito en la cabeza
de una serpiente infinita.

Dejaste el anillo sobre la mesa
miles de kilómetros atrás,
y aunque desde entonces
todas las gasolineras parecen siempre la misma
y el asiento trasero empieza a ser tu cama
y tu estómago se rebela por tanta comida de lata,
todavía es mejor el horizonte eterno
que aquellas paredes de madera

y sentir el viento, solo el viento,
golpeándote la cara.

XII

LIBERTAD

Una maleta con ropa arrugada.
Un zapato sobre la moqueta.
Un televisor hablando solo
en una habitación muerta.
Dinero en efectivo.
Un manojo de llaves sin puertas.
Medio frasco de perfume
y una fotografía vieja.

Sabor de abandono y traición
como amargo cieno en la lengua.
Olor de ceniceros fríos
en un futuro de carreteras,
de miradas indiferentes,
de áspero zumbido de ruedas.

XIII

BAILANDO SIN MÚSICA

Bailando sin música, en aquél parque
de invierno, qué frío hacía, sin luz,
de noche. ¿Recuerdas?
Ponerle nombre a estrellas que ya
lo tenían desde hace milenios.
¿Recuerdas? Dos pasitos a la izquierda,
mis manos en tus caderas, las tuyas
en mi cuello. Qué frío hacía.
Un beso torpe y avergonzado
sobre tus labios fríos.
Tenías los labios fríos,
en aquél parque de invierno.
Llevabas un abrigo de paño largo, yo
botas militares y pelo corto.

Qué ceniza fría giraba con nosotros
junto a la hoguera pequeña y vulgar
que encendió la chispa de aquél beso.
Qué pequeño y qué impotente era aquello
que nos quemaba por dentro.
Un beso en un baile silencioso,
frente a lo que habría de venir.
Cuánta vida, historia y futuro en su contra.
Rodeó el frío nuestro beso.

Se perdieron los nombres de las estrellas.
Nunca sonó música para nuestro baile.

Besos de otros labios, en bailes más sonoros
de noches de verano llegaron y crecieron.
Bailes que se alimentaron con vida y con muerte.

Qué pequeño y torpe nuestro baile y nuestro beso.
Qué frío de ceniza de estrella apagada y sin nombre
rodea ahora esos recuerdos.

XIV

LA RABIA

Crujían, tensas, las sogas que nos unían
dentro del hilo del teléfono.
Tu voz, desde kilómetros lejana,
olía a mañana casera
a tostadas con aceite
a rutina de quehacer cotidiano.
La mía, tensa por la prisa de ser joven,
a café de cafetería.
Y eran nuestros alientos dos vientos opuestos,
forzados en unión absurda,
que hacían gemir la madera
de la obra muerta de aquella nave
a la que, ahora lo sé,
no quedaba ningún puerto seguro.

Y estaba la certeza de que hacíamos
lo que era necesario hacer
y la tristeza de ver cómo matábamos
al hacerlo aquello que nos unía
y el miedo a estar equivocados
sabiendo que no había marcha atrás.

Mucho tiempo después,
cuando hube aprendido
a defenderme de la risa y el olor de la muerte
y me atreví a repasar
lo que entonces había ocurrido,
comprendí que aquél ruido de estática
era el ruido de los finales definitivos,
las palabras no dichas,
los sentimientos no reconocidos
y todo lo que el tiempo mata sin remedio.

Y desde entonces está también la rabia,
la puta e impotente rabia
de no haberlo sabido reconocer a tiempo.

XV

A veces duele ser vulgar.
No poder hacer nada ni contra ellos,
ni contra ti mismo.

Duele ver que lo más hermoso
que alguna vez vivieras
no es sino una vulgar historia,
como tantas otras.
Y que lo que constituye tu vida,
no es más que
una estadística más.

Ni el grito sirve de nada.
Ni la risa oculta la verdad.
A veces duele ser hombre.
A veces duele no ser capaz.

XVI

EN EL FRÍO

Hay batallas que se libran en el frío
resonando los lamentos en la nieve
y con solo las águilas de testigos.
Son batallas donde el odio no penetra
en el hielo y rebota y resbala
y los muertos se mantienen siempre duros.

Los heridos se congelan y el vaho
que emanan las heridas aún abiertas
pronto deja de enturbiar el aire limpio.

Es malo el frío, amor,
endurece cuanto toca
y le suma su mordisco al del acero.
No permitas que se instale
en nuestro campo de batalla
y luchemos al calor, en el sudor,
donde el acero quema tanto
que a un lado hay que dejarlo
y luchar desnudos, piel con piel.

XVII

MIENTRAS ME SONRÍES

Un tiempo hubo, sabes, en que vivíamos alertas,
en que cada día era un día limpio,
cada hora una hora saboreada,
recibida con las manos y caras bien altas,
juntos y sonrientes.

Hubo un tiempo, amor mío,
en que tu voz resonaba
sobre cuanto era importante,
empequeñeciéndolo,
empalideciéndolo.

Tiempo de niños pequeños
riendo por nuestra casa,
de botas de fieltro,
de pañal, biberón y pijama.

Broncas voces de adolescentes
en las habitaciones desordenadas.
Hombres trajeron los años.
Desaparecieron aquellos niños.

¿Fue entonces, amor,
cuando comenzó a crecer la escarcha,
cuando los chuzos y las placas de hielo
se instalaron en nuestra piel,
en los resquicios de nuestra cama?
¿O fue después,
cuando el silencio sustituyó aquellas voces
y el vacío paseaba por las vacías camas?

Como dos lobos enjaulados
nos movemos por la casa,
mostrándonos los dientes,
afilando nuestras garras.

Y luego hubo un momento
con conciencia de momento,
de ahora o nunca,
de prisa por dejar la calma,
la tensa, odiosa, calma.

Y ahora que te vas,
dices que nunca hubo nada,
que todo fue mentira
que la única verdad siempre fue,
el diente, el gruñido y la escarcha.

Quizá tengas razón. Quizá yo soñaba
mientras crecía en tu interior
la rabia a mis espaldas.

Pero deja que te diga una cosa
antes de cerrar esa puerta
y dejarme aquí solo, mostrando
a los espejos los dientes y las garras:

Quemaría el sol por volver a verte
jugando en el suelo con los niños
mientras me sonríes...

XVIII

Hemos comido sin prisa
después de levantarnos tarde
en este domingo de invierno.
Bromas con los niños,
travesuras con los gatos y
problemas de calefacción.

Domingo perezoso de invierno
en los tiempos donde todo parece ir bien
y el futuro tiene la delicadeza
de no aparecer por aquí.
Domingo intrascendente,
columna vertebral de una,
de cinco vidas.

Pronto será día olvidado en la
maraña de tantos días, pero no
habrá sido un día sin huella,
tal vez sin memoria
pero no sin huella.
Todos y cada uno de sus momentos
escarban túneles en mí.

XIX

LOS BUENOS AÑOS

Los buenos años se te escapan entre los dedos
adormecido y entontecido por la evasión de la rutina
siendo espectador de tus carencias,
de tu incapacidad para, de alguna manera,
fijar éste tiempo.

No volveréis a estar todos juntos
en un tiempo en que estarlo sea lo más importante para todos
No volverás a ver en sus ojos esa necesidad de ti.
No volverás a ser importante para todos.

Quedarás cada vez más arrinconado,
más vencido por la evasión, por la rutina.
Te irás encorvando sentado en tu sillón, frente a la tele,
mientras en su vida pasa todo lo que es importante.

Con suerte te habrás embotado.
Habrás perdido la capacidad de echarles de menos.
Te habrás embrutecido, endurecido, evadido.

Con suerte te llorarán en tu muerte
junto con cierta sensación de alivio.

XX

LA ESCALERA

Despacio, sube despacio.
No pierdas la calma, que no pasa nada.
No hay detrás de ti nada importante, nada
por lo que valga la pena volver la cabeza.
Mira hacia delante.
Sube.

Arriba vive lo que está por venir.
Arriba sucede lo que importa.
Aquí ya no hay nada,
salvo el escalón que pisas
cubierto de polvo de infancia.

Estuvo bien estar juntos.
Fue casi como los versos del vino y las rosas:
Tiempos sin un futuro inmediato,
cuando aquél eterno presente
nos unía fuerte, fuerte.

Pero cuando enfrentas una escalera
no puedes ignorarla sin traicionar
un poco aquello que eres tú.

Nadie puede ser él mismo
sin andar su propio camino.
Y el tuyo sube.

Sube.
Y de vez en cuando haz memoria,
mira un poco hacia atrás
y recuérdame, hijo mío...

XXI

IMPOSIBILIDADES

Ser pálido en el siglo XIX, con el pelo largo y tuberculosis.
Ser intrépido en la ciudad, con algún piercing discreto
y tu foto tatuada.
Ser joven y potente y darme cuenta de ello.
Bailar casi desnudo sobre una plataforma
de luces intermitentes, con tus ojos
chorreándome por todo el cuerpo.
Ser voluntario de ONG arrodillado junto a tu cama.
Ser guerrillero en la sierra remota,
caminando, inmortal, de cerro en cerro.
Discutir contra la injusticia en la simplicidad
casi imbécil que tenía el mundo cuando adolescente.
Dramatizar sin límite cualquier pequeña frustración
y que venga alguien a compadecerme.
Aferrarme a la estética como lo único que sigue vivo.
Ser un chiste viejo resonando en oídos nuevos y vírgenes.
Volver a poner cara de estupor
ante el primer orgasmo de cuarto de baño cerrado.
Fascinarme con cifras y comparativas...
O tener limpios los ojos
y sentarme en esta tarde a escribir
y respirar despacio, plenamente,
saboreando esta vida
en que me ha sido dado vivir junto a ti.

XXII

Mira, te quiero.
Así de fácil, así de claro,
te quiero.
Si me enfado y grito
no es contigo, no es a ti,
es con mi imposibilidad de decírtelo,
es a la estúpida muralla
que levanto, a veces,
para protegerme, para defenderme
de esa frase que
me arrasa,
me vence,
me entrega
ese mágico sentido:
Te quiero.

XXIII

Pasa el tiempo...
sin esfuerzo, sin prisa
pasa el tiempo.
Implacable, sin ruido,
suave oculto...
pasa por nosotros.

Una vez cogí uno de mis días
y lo paré para ver mi ayer:
Solo te vi a ti.

Y el tiempo siguió su camino
fluyendo, gota a gota.
Sumando, restando, pasaba...

En otra ocasión
me hice consciente del ahora:.
Estaba lleno de ti.

El tiempo seguirá pasando.
Quizá (si me animo)
alguna vez mire mi futuro
y quiera dios lo encuentre
lleno de ti.

Hasta que el tiempo
no pase más.

XXIV

DE REPENTE EN LA FERIA

A veces me gusta mirarte de lejos
cuando estás entre la gente,
espiar esos gestos que tanto me gustan,
ver cómo aparecen bajo sus miradas.

Y yo, que conozco tus debilidades,
te veo, pequeña, plantar cara al mundo,
erguirte, tan frágil, en medio de todos...

y el ojo se nubla de tanta ternura.

XXV

IDENTIDAD

Rumor de tiempo triturado en el reloj del salón,
estaciones apresuradas crujiendo en el jardín,
chasquido de años en el suelo de la cocina,
y a través de todo ese ruido,
una sola permanencia: la tuya en mí.

Y yo, que me muevo en la superficie apenas,
como un guijarro inútil
lanzado por una mano ociosa,
cada mañana, en un ritual vital y cotidiano,
meto en mi cartera tu firmeza,
justo al lado del DNI y las fotos de los niños,
por si alguna vez tuviese que identificarme.

XXVI

RESURRECCIÓN

Volver a escribir poemas después de tanto silencio.
Dejar de disfrazarme de respetable viejo
y, sin sentir vergüenza, como un gato al acecho,
extraer costosamente de mis honduras los versos.

Adolescente, cristalizado en el glaciar de los años,
a la luz este otoño por cinco poetas resucitado,
te creía muerto y enterrado, olvidado.

Pero no.

Como un viejo que se enamora de una destructora Lolita
una avalancha de versos se me desgrana en la noche, en el día,
en el baño, en la calle, en la oficina...
Poesía en todas partes, me llama, me acecha, me silba.
¿Habrá tiempo en el mundo bastante para escribirla?

Palabras... buenas y malas, exactas, imprecisas,
rebotan en mi cráneo, chocan, luchan, armonizan.
Se me escurren por los dientes a la más lenta sonrisa,
me gotean de los dedos y hasta, sin quererlo, riman.
Palabras... incómodos ladrillos que construyen
la grandiosa inutilidad de la poesía.

XXVII

GRAN SUPERFICIE

Rozar tus dedos sobre la barra del carrito.
Golpear tu cadera con la mía
cuando te paras a leer alguna etiqueta.
Fingir que no te conozco
y que quiero ligar contigo
delante de la cajera.
Hacerte proposiciones indecentes
para escandalizar a algún jubilado
en el pasillo de congelados.
Cargar el carro de chocolate
para ver cómo aparece en tu rostro
la niña golosa que una vez fuiste
y sigues siendo.
Besarte los labios ante algún adolescente
de los que piensan que el amor
(por no mencionar el sexo)
es un invento suyo.
Romper el presupuesto
con algún paté de los caros
para parecer franceses…

Nos sale muy bien.
Son ya veinte años
recorriendo la gran superficie
de la vida compartida.

NO MÁS POESÍA

No más poesía, por favor. En algún sitio ha de haber sitio para escribir, sin contar sílabas ni rimar asonantes, sobre la ternura, sobre esa ternura que nos redime de tantas cosas, de tantos fracasos.

En algún sitio ha de haber sitio para la ternura. En alguna parte ha de ser posible encontrar las palabras, el tono y el público adecuado para hablar de ella porque no creo que todo ese tiempo que paso, por ejemplo, mirándote dormir deba ser olvidado para siempre como lo serán las imágenes de ese sueño que adivino bailando con tus ojos cerrados.

En algún lugar ha de ser adecuado fijar de alguna manera por escrito esas sonrisas somnolientas que cruzan nuestra almohada al despertarnos y vernos el uno al lado del otro. En algún lugar debería quedar constancia de esas tardes lánguidas de ventanas cerradas y luces suaves encendidas junto a la cama; de las horas pasadas así sin hacer nada más que disfrutar uno del otro; de la conversación íntima, ligera y suave que las acompaña; de las barritas de incienso.

Debe ser posible, digo yo, escribir sobre los años de mirar hacia delante juntos, de pasear cogidos de la mano, de disfrutar de juegos sobre el café, sin caer en la cursilada ni en la poesía.

Pero no lo encuentro ¿Cabe aquí, por decir algo, esa alegría que me invade, como de que ha ocurrido algo importante —todavía después de treinta y cinco años—, cada vez que hacemos el amor? ¿Lo que siento al verte envejecer a mi lado?

Tal vez no sea éste el sitio. No sé si sois el público adecuado, tal vez no exista el público adecuado pero es urgente encontrarlo, que no parece justo que hayan de perderse en silencio tantos y tantos momentos ni que hayan de quedar para el olvido, por ejemplo, ese llanto que compartimos en la mesa de la cocina aquél domingo en que se fue de casa el primero de nuestros hijos o esa mirada que me dirigiste la última vez que amamantaste a nuestro primer niño, al comprender la clase de vínculo que cortabas, ni tus ojos entrecerrados la primera vez que viste el mar de pie sobre la arena, con el pelo al viento y un vestido negro prestado, mientras apretabas mi mano en silencio.